SCHICKSALSJAHR 1989

IRMGARD DIETZEL • HANS DIETZEL

SCHICKSALSJAHR 89

AUFBRUCH INS UNGEWISSE

Bibliografische Information der Deutschen Nationalbibliothek:
Die Deutsche Nationalbibliothek verzeichnet diese Publikation in
der Deutschen Nationalbibliografie; detaillierte bibliografische Daten
sind im Internet über dnb.dnb.de abrufbar.

Umschlaggestaltung, Satz, Herstellung und Verlag:
BoD – Books on Demand, Norderstedt.

ISBN: 978-3-7534-5119-0

Inhalt

Vorwort

Beim Blättern im Tagebuch fällt das Jahr 1989 durch besonders häufige Eintragungen ins Auge.

Zwei rote Fäden sind deutlich erkennbar.

Da ist einerseits die Entwicklung der behinderten Tochter, die zum wiederholten Mal mit einer Berufsausbildung zu scheitern droht. Das Mädchen – Stimmungsbarometer der Eltern, die stets gehbare Wege für sie suchen.

Andererseits bahnen sich im vierzigsten Jahr des Bestehens der DDR gravierende Veränderungen an, die schließlich auf ein Ende des Regimes hinführen.

Ein kleines Dorf im südlichen Brandenburg, weitab von Berlin und Leipzig – den Hochburgen der aktiven Bürgerbewegung.

Wie nehmen die Dorfbewohner derartig tief greifende Einschnitte in den damaligen DDR-Alltag wahr?

Die Autoren, beide Lehrer für Naturwissenschaften, sehr an kulturellen Geschehnissen interessiert. Sie besuchen möglichst oft das Senftenberger Theater wie auch das Clubkino des kleinen sächsischen Städtchens in der Nähe.

Die aktuellen. Inhalte der Theaterstücke und Filme mit außerordentlich kritischen Akzenten lassen aufhorchen!

Das Anliegen dieses Buches ist es, den Leser teilnehmen zu lassen, wie die Autoren dieses brisante Jahr 1989 erlebten. Ein Schicksalsjahr!

Die Tochter wird schließlich ihre Heimat in Richtung Westdeutschland verlassen!

Die DDR-weit um sich greifende Bürgerbewegung führt zur Wende – zur Einheit Deutschlands!

13.01.1989 – Aufbruch

Ein neues Jahr beginnt.

Es brodelt ringsum.

Irgendetwas liegt in der Luft, das nach Veränderung schreit. Dieses Leben in unserer DDR, gespickt voller Ungereimtheiten. Schon länger spricht man von einem sozialistischen Zweiklassenstaat, einerseits die Privilegierten mit Westkontakten, andererseits die übrigen. Daraus ergibt sich ein beträchtliches Neidpotential.

Unsere Probleme jedoch auf ganz anderer Ebene.

Mirjam, einziges Kind, behindert.

Hervorragende schulische Leistungen.

Misserfolge in allen anderen Lebensbereichen.

Eine zerreißende Diskrepanz!.

Mirjams erneuter Start

Mirjam arbeitet seit einiger Zeit im Krankenhaus, will sich als Krankenpflegerin ausbilden lassen. Wie soll das gelingen? Wir versuchen es ihr auszureden nach all den missglückten Versuchen der letzten Jahre.

Seit die Fünfzehnjährige bewusstlos nach kilometer-weitem Jogging gefunden wurde und schließlich in der Charité landete, sind wir unsicher mit unseren Empfehlungen geworden.

Nach fünf Monaten holten wir das Mädchen auf eigene Verantwortung heraus, nachdem sie dort von morgens bis abends mit Tabletten zu einem willenlosen Etwas abgefüllt wurde, um lediglich ihren Bewegungstrieb zu dämpfen.

Bald tauschte sie das übermäßige Joggen gegen Fahrradfahren aus.

Noch gefährlicher und zeitraubender als vorher.

Bis zum heutigen Tage frönt die nun 21jährige diesem Sport, der für sie oberste Priorität besitzt.

Wie wird sich dies mit ihrem neuen Berufswunsch vereinbaren lassen?

Gebet für Mirjam:
Herr, breite Deine schützenden Hände über dieses sonderbare Menschenkind aus! Herr! Es drängt!

Stigmen

Menschen mit Stigmaeffekten – gebrandmarkt, abgelehnt, gemieden.

Mirjam!

Äußerlich kaum auffällig. Doch wohin sie auch kommt – sie fällt auf, fällt heraus.

Unentwegt kreisen unsere Gedanken um sie, bis zum heutigen Tag!

Ganze Bücher kann sie auswendig lernen, doch wo mehrere Menschen im Raum sind, wird sie zu einer kleinen, verängstigten Maus, macht sich möglichst unsichtbar, lässt nichts an sich heran. Warum?

Im Kreise der Familie verhält sie sich annähernd normal, solange alles einigermaßen in geordneten Bahnen läuft.

Welcher kleine Störfaktor in ihrem Hirn?

Wie reparieren, neue Verbindungen anlegen in der komplizierten Sammelstelle Hirn, woraus sich ein anderes Verhältnis zu Menschen entwickeln könnte? Wie Verspannungen lösen, wie unsere Tochter erlösen?

Gibt es da nichts und niemanden, der uns in dieser Misere mit Mirjam raten kann?

Nicht ein hilfreiches Gespräch von kompetenter Stelle, nachdem das Mädchen 13jährig vergewaltigt wurde. Nicht ein Hinweis aus der Charité, nur Tabletten.

Wie heißt die Zauberformel?

Wie könnte ein neuer Start gelingen?

Wir – Lehrer für Naturwissenschaften.

In den fünfziger Jahren von Mendelschen Regeln keine Spur. Erbmasse – nahezu bedeutungslos für die Entwicklung eines Menschen. Lediglich auf das Milieu, den Einfluss aus der Umwelt kommt es an.

Stigmaeffekte – handgemacht, umweltbedingt.

Wir rackern als Lehrer, um möglichst jeden Schüler auf ein bestimmtes Niveau zu bekommen, geben all unsere Kraft und Zeit dafür.

Mit unserem Kind werden wir eines anderen belehrt.

Leistungsmäßig klappt das, doch das Rundherum!

Keine Chance.

Inzwischen hat sich auch in der DDR einiges getan.

Mendelsche Regeln sind wieder in Mode gekommen und damit neue Sichtweisen.

Eines Tages legte unsere damals 17jährige Tochter ein Buch auf den Tisch, das sie im Bücherregal einer Mitschülerin gefunden hatte.

»Kinder, die anders sind« – der Titel dieses Buches.

Kein Zufall, denn wir sprechen häufig mit Mirjam über ihr Fehlverhalten in bestimmten Situationen.

»Seht mal, so bin ich!« schlägt sie das Buch vor uns auf. Wir lesen hastig. Autismus – nie gehört.

Autisten – psychisch bzw. geistig abartig entwickelte Menschen.

Tatsächlich! Sie hat Recht! Unsere Tochter – behindert!

In der Provinz ist jedoch dieses Wissen noch längst nicht angekommen. Kein Arzt weiß darüber Bescheid.

Achselzucken, Lehrerkind, falsche Erziehung!

Wir Eltern aber sind alarmiert.

Geht damit Mirjams Berufswunsch nicht in die völlig falsche Richtung?

Misserfolg vorprogrammiert?

Gewissheit

Nachdem uns die 17jährige Tochter dieses Buch über behinderte Kinder brachte, suchten wir unermüdlich nach einem Arzt in unserer Umgebung, der in Bezug auf Mirjams Verhalten fachspezifisch Auskunft geben kann.

Mirjam war es, welche die Nadel im Heuhaufen fand, eine Ärztin in Dresden.

Unsere Tochter ist etwas Außergewöhnliches!

Im Vorraum der Dresdner Kreuzkirche fiel ihr ein Artikel »Hilfe für Eltern autistischer Kinder« ins Auge. Die beschriebenen Merkmale für Autisten kamen ihr sehr bekannt vor.

Mirjams Stigmen also nicht handgemacht von Lehrereltern durch Verhätscheln etc …

Nein, da steckt mehr dahinter, das hat einen Namen!

Und dann wir drei vor der Ärztin.

Das erste Mal über Autismus aus berufenem Munde.

Ergebnis über Mirjams Befinden:

Autismus hin zum Borderline-Syndrom – Grenzfall. Schwierig für den Umgang mit Menschen, die dafür wenig Verständnis aufbringen können.

Damals war unsere Tochter zwanzig Jahre alt.

Nun – im 21. Jahr – nimmt sie einen neuen Anlauf.

Wie wird sie, werden ihre Mitmenschen, werden wir das verkraften?

Koordinaten

Ein jeder braucht verlässliche Stützpunkte – Koordinaten mit Fixpunkten – Menschen, die maßvolle Anerkennung geben, in allen Situationen helfen, stärken.

Für mich:
  Meine Eltern, meine Schwester, auf deren Liebe ich mich verlassen konnte, die mir jedoch kein allzu großes Selbstbewusstsein mitgaben.
  Meine Großmutter! Sie erzählte mir, dass sie ihr Leben ohne ihren festen Glauben nicht durchgehalten hätte. Gerne wollte sie ihn mir weitergeben, betete für mich. Doch die Zeit war nicht reif damals in den fünfziger Jahren, als uns jungen Menschen der Atheismus mit allen Mitteln schmackhaft gemacht wurde.

Für Mirjam:
  Wir Eltern – immer ein zuverlässiges Team in
  Hinblick auf die Erziehung unserer Tochter.
  Joachim, ihr Vater, stets positiv denkend hat er für alles eine Lösung parat, wohingegen ich schnell in ein schwarzes Loch falle.
  »Mirjam wird ihren Weg gehen!« so seine Rede.
  Auf diese Weise gibt er seinem Kind ein starkes Urvertrauen mit auf den Weg, das ihr helfen wird, sich trotz misslicher Veranlagungen einigermaßen sicher durch ihr Leben zu jonglieren.
  Er liebt sein behindertes Mädchen, was auch immer sie verbockt. Er versteht es, mit ihr zu reden – alles mit witzigen Ideen humorvoll verpackt.
  So lodert in Mirjams Herzen die Hoffnungsflamme »Papi«, die ihr Mut und Selbstbewusstsein gibt, auch nach Misserfolgen zu neuen Ufern aufzubrechen.

Dank Mirjam erwuchs uns ein sehr hilfreicher Fixpunkt im Koordinatensystem, das Gebet, wofür wir ihr unser Leben lang dankbar sein werden.

In dem Glutbett »Glauben«, das meine Großmutter gelegt hatte, brannte noch eine winzige Flamme, als wir damals mit Mirjams Behinderung nicht aus noch ein wussten.

Gemeinsame Gebete retteten uns vor Depressionen, Selbstanklagen, Beschuldigungen etc. …

So gewannen wir gegenseitiges Vertrauen und Hoffnung, für Mirjam den richtigen Weg zu finden.

Fixpunkt Glaube

März 1989 – das 40. Jahr seit Gründung der DDR.

Unzufriedenheit rundum. Warum?

Jeder hat materiell alles, was ein Mensch zum Leben braucht! Was ist es, was fehlt?

»Liebe deinen Nächsten wie dich selbst!« sagte Jesus Christus, ein Mann aus Fleisch und Blut, der vor etwa 2000 Jahren lebte.

Dieser Ausspruch – Angelpunkt, Grundpfeiler des Glaubens. Seit seinem Wirken breitete sich seine Lehre, das Christentum, rund um den Globus aus, brachte viele gute Ansätze. .

Atheismus – fest verankert im Sozialismus unseres Staates. Fehlender Fixpunkt: Glaube! .

Leer bleibende Flecken im Hirn der atheistisch gepolten Menschen. Christliche Werte – verschüttet!

Doch es gibt in der DDR auch eine Kirche, die sich sehr darum bemüht, unter schwierigsten Bedingungen Menschen zum Glauben zu führen. Andererseits nutzen viele die Kirche als Ort, um ihre Unzufriedenheit gegenüber dem Staat zum Ausdruck zu bringen.

Joachim und ich – Mitglieder der Kirchgemeinde, eine Seltenheit für ein Lehrerehepaar in dieser Zeit. Wir prahlen nicht damit, verzichten auf allerhand. Wir sind dankbar dafür, den Fixpunkt Glaube nie aus den Augen verloren zu haben!

Intelligenz – Herzensbildung

Ich lese das Buch »Homo Faber« von Max Frisch.

»Die ganze menschliche Intelligenz ist nicht in der Lage, die primitivsten Probleme dieser Welt zu lösen.«

Wie wahr!

Joachim und ich, beide Pädagogen, bemüht darum, unser Wissen in alle Richtungen hin auszubauen und scheitern dennoch an dem Problem »Mirjam«.

Wo bleibt die Intelligenz, wenn Menschen von Menschen schikaniert, diskriminiert werden, weil sie geringfügig anders sind?

Waren es nicht hochintelligente, gebildete, wohlerzogene Menschen, die während der Naziherrschaft millionenfach mordeten oder es zuließen?

Und wie ist es heute in der DDR, in der wir alle auf gleiche Paradigmen ausgerichtet werden sollen?

Die Partei, die Partei, die hat immer Recht!

Also – alle stramm in eine Richtung!

Wo bleiben diejenigen, die nicht mitgehen können?

Zu emotional, sensibel, gläubig, kreativ etc ….

Nur wer unter Einbeziehung des Herzens denkt, ist Mensch. Denken allein mit Hirn und Verstand, das ist höher entwickeltes Tier.

So las ich es bei Albert Schweitzer, dem Urwaldarzt.

Antoine de Saint-Exupery formulierte es so:

»Man sieht nur mit dem Herzen gut.«

Hirne, Herzen – beide aus Muskel- und Bindegewebe – jedoch von unterschiedlichster Wirkung und Bedeutung.

Großhirn – Zentrum der Intelligenz, des Verstandes.

Herz – nicht nur Pumpstation für Blut, das den gesamten

Organismus mit den lebenswichtigen Stoffen versorgt, sondern auch Synonym für zwischenmenschliche Gefühle.

Hirn und Herz zusammen erst ergeben richtiges Menschsein!

Intelligenz und Herzensbildung!

07.03.1989 – Mirjams Intelligenz

Wir halten unsere Tochter für intelligent.

Wie aber ist ihre Intelligenz gelagert?

Sie kann sich Wissen aus allen Gebieten einprägen, speichern, in einem bestimmten Maße sinnvoll anwenden.

Auf sprachlichem Gebiet könnte man sie beinahe genial nennen. Ohne jegliche Förderung, lediglich mit den Kenntnissen aus dem Russischunterricht räumte sie bei Russischolympiaden auf Bezirksebene in allen Kategorien spielend die obersten Plätze ab.

Im Umgang mit Menschen – Probleme!

Wir reden oft mit ihr darüber, weisen sie darauf hin.

Trotzdem immer wieder die gleichen Fehler. Ist es ihr nicht möglich, aus Erfahrungen zu lernen?

Nimmt sie es nicht wahr, wie sie durch Mimik, Gestik, Worte von ihren Mitmenschen abgelehnt wird? Es berührt sie kaum, wenn ihre Kollegen kopfschüttelnd an ihr vorbeigehen, sie belächeln.

Mit Bestürzung stellen wir mehr und mehr fest, dass es unserer Tochter wenig ausmacht.

Welche Komponente in dem Begriff Intelligenz fällt bei unserer Tochter aus? Herzensbildung?

Keine Lebensströme zwischen Herz und Hirn?

Dabei hat Mirjam viele gute Eigenschaften im zwischenmenschlichen Bereich. Sie ist sehr hilfsbereit und teilt gerne mit anderen.

12.03.1989 – Sonntagmorgen

Endlich wieder Sonntag. Nach anstrengenden sechs Schultagen eine Pause, die gut tut und notwendig ist.

Es ist vor allem der Vormittag, auf den wir uns freuen. Ein gemeinsames opulentes Frühstück. An nichts darf es da fehlen. Joachim ist der Küchenmeister. Schon früh duftet es nach frisch gerösteten Brötchen und einem starken Kaffee. Dazu eine Bach-kantate per Schallplatte.

Ja, wir lassen es uns so richtig gut gehen und wissen, dass gleich ein ausgedehnter Spaziergang durch den Park oder die nahe gelegenen Wälder folgen wird, der uns Herz und Sinne erquickt, aufschließt, uns rundum glücklich macht.

Doch schleppend heute der Gang an diesem Morgen im März, der uns bereits hoffnungsfroh das Frühjahr vorgaukelt. Hier und dort ein leuchtendes Grün, das dem Auge gefällt. Auch Früh-lingsblüher wagen sich bereits mit Blüten unterschiedlichster Farben hervor. Dazu der Vogelgesang und der Duft!

Unsere Sinne nehmen es wahr, leiten es weiter. Doch im Her-zen keine Chance heute, kein Widerhall! Einsilbig, lustlos. Ohne freudiges Echo.

Mirjam! Gehaucht nur ihr Name. Schon läuft der alte Film von neuem ab. Lange hörten wir nichts von ihr. Wie wird es ihr er-gehen – nun dort im Krankenhaus allein.

Keiner ahnt etwas, weiß etwas von ihren Behinderungen.

Mein Hirn – hoch aktiviert.

Gefährlich züngelnd blitzen schmerzhafte Flämmchen auf, lassen sich nicht bändigen.

Szenen, fest verwurzelt, in den hintersten Ecken von Hirnfur-chen vergraben, begehren auf, wollen laut werden, ihr Versteck verlassen.

Und schon zieht der ganze Leidensweg mit Mirjam noch einmal an uns vorüber.

Bestandsaufnahme

Mirjam im Kindergarten:

Schneewittchen im Glassarg. Tote Figuren tanzen um sie herum. Kein gemeinsames Spiel. Sie fasst keinen an, singt alle Lieder auf einen tiefen Ton.

Mirjam in der Schule:

Konzentration bei Vermittlung von Wissen..

In den Pausen mit ausdruckslosem Gesicht allein.

Was passiert da? Igelt sie sich ein, katapultiert sie sich auf einen anderen Planeten, ihren Gedanken, Träumen nachhängend? Wie sie von dort herunterholen, in ein geerdetes Leben integrieren?

Alles, was mit Schulbank, Schulbuch zu tun hat, wird registriert, eingeprägt, zum Abrufen präpariert. Die Ergebnisse, teilweise hervorragend, erzeugen bei Mitschülern eine gewisse Bewunderung. Während einer Klassenfahrt zeichnete sie die Gesichter der anderen Teilnehmer mit Bleistift auf ein Blatt Papier. Voller Erstaunen erkannte sich jeder. Eine enorme Gabe, genau zu beobachten und umzusetzen.

Doch die Defizite bleiben! Während der Ausbildung in praktischen Bereichen – der Einbruch!

Sie meidet konsequent die Nähe anderer, kommt schlecht mit der Zimmertemperatur in Räumen mit mehreren Menschen klar, wirkt unkonzentriert, unbeholfen, desinteressiert, äußerst unruhig, sondert sich weitestgehend von den übrigen ab.

Das führt zu Eskapaden übelster Art, wodurch Mirjam zu einer lächerlichen Figur abgestempelt wird.

Um damit leben zu können, flüchtet sie sich in sportliche Aktivitäten wie Laufen bis hin zum Marathonlauf, danach zum Radsport.

Misserfolge über Misserfolge!

Und was kommt jetzt?

Das ganze Martyrium von vorn?

Durch den Besuch der Fachärztin wissen wir heute mehr über Mirjams sonderbare Charakter-, Verhaltensstruktur. Sie entließ uns folgendermaßen: »Ich kann Ihnen leider nicht helfen, doch eine kleine Broschüre über Autismus wird sicher für Sie hilfreich sein.«

Beim Lesen erfuhren wir, dass Mirjam schon als Kleinkind markante Abweichungen von der Norm zeigte – also von Geburt an autistische Züge.

»Lasst sie doch rausgehen, mit den Kindern spielen. So wird sie lernen, sich im Kreise der anderen zu bewegen!« Wir taten es, doch es dauerte nicht lange und Mirjam wurde schluchzend, oftmals mit einer Beule am Kopf oder gar blutend zurückgebracht. Sie war in eine Schaukel gelaufen, irgendwo angerannt, hingefallen … Sie hatte übersehen, nicht wahrgenommen, was um sie herum geschieht.

Wie kann so etwas passieren? Sie ist doch nicht dumm! Sprachlich den Gleichaltrigen überlegen.

Zwanzig Jahre lang tappten wir im Dunkeln, in tiefster Unwissenheit. Nun wissen wir es:

Unsere Tochter ist nicht in der Lage, mit ihren Augen alles um sich herum in Ganzheit zu erfassen.

Mirjam sieht in Streifen sehr gut, daher die gelungenen Porträts ihrer Mitschüler. Räume jedoch mit allem Interieur, Personen mit wechselnder Mimik und Gestik erkennt sie nur fehlerhaft.

Daher auch ihre Menschenkenntnis – Fehlanzeige!

Wie soll sich unsere Tochter mit solch einem Sehvermögen als Krankenpflegerin bewähren, wenn sie nicht einmal in der Lage ist, ein ganzes Zimmer zu erfassen, wobei es vor allem auf die Versorgung der Kranken ankommt.

Das ganze Martyrium von vorn?

Mirjam hört hohe Töne, für normale Menschen kaum hörbar. Unser hochmusikalisches Kind, das zuhause schon zweijährig Lieder wie »Ade nun zur guten Nacht« in Text und Melodie fehlerfrei singen konnte, brummte während der gesamten Zeit im Kindergarten alle Lieder monoton nur auf einem einzigen tiefen Ton. Wir Eltern entsetzt, doch jeder glaubte, sie sei absolut unmusikalisch.

Warum verhielt sich das Kind damals so?

Ganz einfach – sie stellte ihr Gehör auf Sparflamme.

Die hohen Kinderstimmen überforderten sie.

Sie zog sich in ruhige Ecken zurück.

Undurchdringliche, schalldichte Mauern schirmten sie von ihrem Umfeld ab. Alles Lebende um sie herum wurden Gegenstände, leblose Puppen, die ihr in ihrer Abgeschiedenheit nichts antun konnten.

Doch auch in Krankenhäusern geht es oftmals laut zu. Wie wird sie das verkraften? Keiner weiß von ihren Behinderungen.

Und das Martyrium von vorn!

Dazu ihr anomales Temperaturempfinden!

Schwitzen wir, so ist ihr kalt, zieht noch einen Anorak über, holt sich sogar noch eine Decke.

Das führt zu schlimmen Situationen. In Zimmern mit mehreren Personen spielen sich Szenen allein dadurch ab, wann oder ob Fenster geöffnet oder geschlossen werden. Sie passt einfach in keine Gemeinschaft.

Und das Martyrium von vorn!

Eine Pleite nach der anderen. Geblieben dieselbe bange Frage. »Was wird aus dem Mädchen mit solch konträren Anlagen? Wo wird sie ihr angemessene Bedingungen, Menschen finden?«

Doch bislang kein Licht am Horizont.

Niemand in unserem Umfeld, der auch nur das Geringste über das Phänomen Autismus weiß.

Die Schuldigen – wir allein, die Eltern.
Und das Martyrium von vorn.

Mehr und mehr fokussiert sie sich auf stundenlanges Radfahren, wobei sie sich aus den Problemen um sich herum herausnimmt, sich ruhig und frei fühlt. Nur in ständiger Bewegung scheint sie ihre ständige Unruhe ertragen zu können. Alles ordnet sie dem Radsport unter.

Wie lässt sich das mit Arbeit in einem Krankenhaus vereinbaren? Wird sie je erkennen, was in bestimmten Situationen notwendig ist? Noch fehlt ihr jegliche kalkulierte Selbstkontrolle.

Und das Martyrium von vorn.

Wir führen intensive Gespräche mit ihr, lassen nichts aus, um sie von ihrem .Berufswunsch abzuraten.

»Ich muss meine Wahrnehmungen trainieren!«

Das schmettert sie uns mit zusammengebissenen Zähnen entgegen.

Ja, eines haben wir ihr vermittelt: Urvertrauen!

So richten wir ihr ein Zimmer ein. Nun muss sie selbst sehen, wie sie mit der neuen Situation fertig wird.

Wir – voller Zweifel, Ängste, Zerrissenheit.

Was wird wohl diesmal geschehen?

16.03.1989 – Unruhe

Über Wochen nichts von Mirjam gehört.
  Unerträglich das Warten! Keinerlei Verbindung!
  Ohnmacht zerreißt uns.
  Wie wird es unserem Mädchen dort ergehen?
  Wir beten gemeinsam, greifen zur Bibel.
  Im Psalm 103 lesen wir:

  Die Güte des Herrn besteht seit Urzeiten.
  Denn er weiß, was für Geschöpfe wir sind.
  Er bedenkt, dass wir nur aus Staub bestehen.

Bei Erich Kästner lasen wir neulich:

  Ihr seid ein Stäubchen in der Zeit. Seid leis!
  Mikroben pflegen nicht zu schrein!

Staub? Ein Stäubchen nur unter Milliarden und Abermilliarden
auf dem Planeten Erde?
  Ja, so fühlen wir uns oft!
  Nichts wert, Wirkungslos. Nebulös.
  Woher bekommen wir Kraft, mit diesem Leben zurechtzu-
kommen?
  Mit uns, mit Mirjam, mit unserem Beruf?
  Jeder Tag für uns als Christen eine Gratwanderung!
  Können wir als Lehrer in der DDR es wagen, in die Kirche zum
Gottesdienst zu gehen? Wir haben bereits bittere Erfahrungen
hinter uns! Lehrer und Kirche! Wir müssen froh sein, in diesem
Staat als bekennende Christen unterrichten zu dürfen!.
  Nein, nicht nur unsere Tochter – gebrandmarkt!
  Wir auch!

22.03.1989 – Mirjams Besuch

Lange Wochen vergangen.
  Endlich taucht sie wieder einmal daheim auf.
  Was wird die Botschaft sein?

  Nach den vielen Kilometern per Fahrrad –
  Schweiß gebadet, übel riechend, zotteliges Haar.
  Weinend stammelt sie: »Es ist furchtbar!«
  Wir nehmen uns Zeit, lassen sie reden.
  Mein Herz krampft. Alles wie gehabt.
  Stellt euch vor, eine Schwester sagt zu mir:
  »Wer lässt denn so etwas auf die Menschheit los?
  Mit dem Idioten arbeite ich nicht zusammen!«

Wir atmen tief durch, setzen uns ins Auto, fahren ins Krankenhaus und bitten um eine Aussprache mit der Oberschwester.
  Wir sitzen uns gegenüber. In mir rumort es. Ich überlege nicht lange, kotze alles über Mirjams gesamte Entwicklung aus, über ihre Charakterstruktur, das, was wir inzwischen über Autismus erfahren haben und auf unsere Tochter zutrifft, über die Vergewaltigung der 13jährigen mit nie aufgearbeiteten Folgen. Auch darüber, dass wir Mirjam auf Grund ihrer Defizite auf verschiedenen Ebenen sehr abgeraten haben, sich um eine Arbeit im Krankenhaus zu bewerben. Erfolglos!

Zu unserem Erstaunen hört uns die Oberschwester ruhig zu und sagt abschließend:
  »Wenn nicht bei uns, wo sonst könnte sie einen angemessenen Arbeitsplatz finden?
  Sie bleibt! Ich werde mich um sie kümmern!«

  Herr im Himmel, welch eine Gnade!
  Unermesslich, unsagbar unsere Dankbarkeit!

24.03.1989 – Karfreitag

Womit bringe ich mit meinem Fehlverhalten Jesus ans Kreuz?

Womit helfe ich ihm, sein Kreuz zu tragen?

Habe ich nicht schon einen Panzer, eine dicke Hornhaut um meine Seele wachsen lassen, die meine Leiden abstößt?

Meine Schwermut.

Meine Ängste um Mirjams Zukunft.

Unsere Unsicherheiten im Beruf.

Unterdrückte Sehnsüchte.

Sehnsucht nach Gottes Wort!

27.03.1989 – Ostergedanken

Hilmar, Kollege und Freund, zu Besuch.
Er – ebenfalls gebrandmarkt
Als ehemaliger Klassenleiter von Mirjam kennt er all unsere Schwierigkeiten.
Wir wissen um seine Misere: Selbstmord der Ehefrau, Alleinerziehender für die beiden Söhne.
Wir versuchen, uns gegenseitig aufzumuntern.
Hilmar, Deutschlehrer, hat heute Gedichtbände von Eva Strittmatter dabei.
Tief berührende, hilfreiche Worte:
Zuspruch mir …
Das Schöne erinnern, das Schlechte vergessen …
Schweigend die Zeichen der Hoffnung sehn …

Die Poetin versteht es, unsere Gedanken, unser Fühlen zum Ausdruck zu bringen:
Aus Schwäche sind wir gemacht …
Keiner so gelungen wie gedacht …
Erst wenn wir uns selbst erkennen … verbrennen …

Osterfest!
Fest der Auferstehung!.
Wir Gebrandmarkten ahnen, was Auferstehung ist:
Brandflecken werden Zuversicht!

28.03.1989 – Mirjam von Magdala

Erstmals begreife ich diese biblische Frau in ihrer Bedeutung.
Psychisch krank, von Jesus geheilt, ihm
in Liebe und Dankbarkeit voll ergeben.
Sie ist die Erste, die den auferstandenen Jesus sieht.
Sein Ruf »Mirjam« heißt:
Schau vorwärts! Resigniere nicht!

Gäbe es heute einen, der unsere Mirjam heilte, könnte sie große
Kräfte für sinnvolles Tun freisetzen.
Wenn nur einer in der Lage wäre, ihr Hirn zu beeinflussen,
Platz zu schaffen für vernünftiges Denken, für alles das rechte
Maß zu finden, aufrichtig ihr Befinden zu schildern, aber auch
auf das Befinden der anderen respektvoll Rücksicht zu nehmen.

Oh Herr im Himmel!
Welch große Gnade wäre das!

02.04.1989 – Enttäuschte Hoffnungen

Mirjam teilt im Telegrammstil ihre Erlebnisse der letzten Woche mit:

Radrennen in Berlin.

Radrennen in Eisenhüttenstadt.

Radrennen in Ponickau – falsches Fahrverhalten, disqualifiziert,

Lenker kaputt.

Aussage des Mechanikers: »Du hättest tot sein können! Nur noch wenige Millimeter an der Schraube!«

Das war knapp! Danke, Herr im Himmel!

Wird das denn nie ein Ende nehmen?

Schlaflose Nacht.

Gedanken – ein Karussell.

Enttäuschte Hoffnungen immer aufs Neue.

Alle unsere Gespräche mit Mirjam – umsonst.

Keine Reaktion auf das Angebot der Oberschwester.

Welchen Stellenwert nimmt ihre Arbeit ein?

Schwirrt da einzig und allein das Wort »Radrennen« durch das Netz grauer Hirnzellen in ihrem Kopf?

Wo ist der Zauberwürfel, der Licht in ihre komplizierte Hirnstruktur bringt?

In solchen Situationen fallen mir Worte von

Prof. Dedo Müller ein, die ich mir während eines Vortrags notierte:

Dulden ist die höchste Leistung,

Leiden ist die höchste Würde des Menschen

15.04.1989 – *Es reicht*

längere Zeit nichts von Mirjam gehört.
Unangemeldet steht sie plötzlich vor der Tür.
Unsere Tochter – kaum erkennbar.
Gesicht ein einziger Bluterguss.
Von dunkelblau über grün bis gelblich.
Verlust einiger Zähne.
Was war geschehen?
Unfall bei Gruppentraining mit Jugendlichen
des SC Cottbus,
Mirjam – eine Viertelstunde bewusstlos.
Drei Tage im Bezirkskrankenhaus Cottbus.

Sie kann mit ihrem geschwollenem Mund kaum sprechen. Mit Nachdruck aber betont sie, alle Konsequenzen auf sich zu nehmen, ohne Radrennen kein Leben. Für kommendes Wochenende ein erneuter Einsatz in Berlin geplant.

Begreift sie annähernd ihre Rücksichtslosigkeit ihren Mitmenschen gegenüber? Uns – ihren Eltern?

Schwester Angelika, ihrer Lieblingsschwester, die sich sehr für sie einsetzt.

Immer deutlicher erkennen wir Mirjams fatales Defizit, das Fühlen ihrer Mitmenschen zu erspüren..

Sie kann wohl nicht anders! Traurig, aber sie ist unsere Tochter. Wir müssen uns mehr und mehr auf ein derartiges Leben mit ihr einstellen.

Dulden – höchste Leistung des Menschen!
Wann ist das Limit erreicht?

Gebete

Kein Jammern und Klagen hilft!
Gebete aber, gemeinsame Gespräche mit Gott.
Sie beruhigen, bringen Klarheit:
Warum? Mein Herz, lern das Vertrauen!
Bei Gott hat alles seinen Sinn!
Einst wirst du staunend rückwärts schauen
und wissen: Alles war Gewinn!

Mirjam ist ein lang erwartetes Wunschkind, das viel Spannung in unsere Ehe brachte.

Und – wir lernten zu beten, wurden tief gläubig.

Keiner half uns, wohin wir auch kamen. Jeder belächelte uns nur, Man sah dem Kind ja kaum eine Behinderung an. Diese liegt auf anderer Ebene, von der niemand etwas weiß.

Wo können wir unsere Ängste loswerden?

Einzig und allein im Gebet, das gibt uns Mut und hilfreiche Einfälle.

Wir lernen einen Gott kennen, der sich weigert, eine Instanz für Wunscherfüllungen zu sein, sondern uns Ruhe und Kraft gibt, mit Geduld unser Schicksal zu tragen. Mit Erstaunen erkennen wir, wie freudvoll unser Leben trotz allem ist.

Dies alles erfuhren wir durch unser behindertes Kind! Vater im Himmel! Habe Dank!

Du wirst uns gewiss auch in unserer jetzigen Misere einen Weg zeigen, den wir mit Mirjam gehen können.

18.04.1989 – Im Clubkino

Frühlingsboten im Vormarsch.

Wie betäubt vor Glück von der Aprilsonne, die uns im Übermaß verwöhnt. Raus aus den vier Wänden!

Hirnkästchen aufschließen für Andersartiges.

Wohin? Ins Clubkino unseres Nachbarstädtchens. Während die Filme laufen, kann man mit einem Knopfdruck einen Drink und eine Kleinigkeit zum Essen bestellen. Die Bedienung geschieht leise.. Sehr angenehm. So nutzen wir diese Gelegenheit oft.

Bei dem herrlichen Wetter heut genießen wir die Fahrt mit dem Auto in vollen Zügen. Straßen, gesäumt von Mischwäldern. Wiesen, Feldern – bereits in voller Aufbruchstimmung.

Ein Farbencocktail, schimmernd von Braun über Gelb, Orange, Grün. Augenweide rundum!

»Die Kommissarin« – der Titel des heutigen Films.

Eine durch und durch instrumentalisierte Frau, deren Leben sich auf dem Rücken von Pferden abspielt mit dem einzigen Ziel, alles, was nicht in das Schema Sozialismus in der Sowjetunion passt aufzuspüren, zu vernichten.

Dazu gehören auch die Juden, die dort leben.

Eine unerwünschte Schwangerschaft zwingt dieses Mannweib, ausgerechnet in einem jüdischen Viertel vom Pferd steigen zu müssen, um ihr Kind zur Welt zu bringen.

Atemlos erleben wir mit, wie diese Kommissarin, zum Instrument degradiert, allmählich in einer orthodoxen jüdischen Gemeinschaft eine gefühlvolle Frau aus Fleisch und Blut wird.

Wir kommen aus dem Staunen nicht heraus.

Was geht da vor sich? Ein solcher Film?

Neulich erst sahen wir »Abschied von Matjora«.

Ein Dorf wird einem kommunistischen Großprojekt geopfert. Ein Stausee soll entstehen.

Mit höchster Sensibilität bekommen wir vorgeführt, wie nicht nur die Einwohner, sondern eine ganze Region – Tiere, Pflanzen – leidet.

Eine Jahrhunderte alte Lärche will selbst den stärksten Axthieben, den kräftigsten Sägen nicht weichen.

Was bleibt? Menschen mit abgeschnittenen Wurzeln, ohne Identität, im Herzen vereinsamt, rücksichtslos einer Ideologie preisgegeben.

Die große Sowjetunion macht Fehler?

Nicht nur in Filmen kommen derartige Dinge zur Sprache!

Es brodelt!

Nicht nur in der Sowjetunion!

Nicht nur in der DDR!

In allen Ostblockländern!

Michail Gorbatschow

Generalsekretär des ZK der KPdSU.

Seit einigen Jahren schon bringt er einiges ins Rollen.

Was für Riesenpflugscharen benutzt er, um nach den siebzig Jahren Sowjetunion die verkrusteten Felder des Sozialismus/ Kommunismus aufzureißen?

Alles Giftige, Verderbliche, Zerstörerische weg!

Frische Luft mit viel Sauerstoff zum Atmen!

Sein Wirken erfasst den gesamten Ostblock..

Mit seiner Politik »Glasnost – Offenheit« und

»Perestroika – Umbau«

streut er aufrüttelndes Gedankengut aus!

Ein neuer Wind bringt alles Fehlverhalten ans Licht.

Der große Lenin – ermordet!

Er nicht allein!

Auch das einfache Volk nicht ohne Fehler.

Gorbatschow greift durch, stellt an den Pranger.

Es wird zu viel »gesoffen«, zu wenig gearbeitet. Eingeschränkter Alkoholkonsum verordnet.

Gewohnheiten, über Jahrzehnte eingeschliffen.

Wo wird das hinführen?

Gorbatschows Devise:

»Kritik ist eine bittere Medizin.

Nur wer sie schluckt, wird gesund.«

20.04.1989 – Licht am Horizont

Hat Mirjam doch etwas gelernt aus dem schmerzhaften Unfall beim Radtraining in Cottbus?

Weder die Schönheit ihres Gesichts noch ihr Gebiss sind wieder vollständig. Das sollte ihr zu denken geben, obgleich sie sich kaum einmal kritisch im Spiegel betrachtet – typisch für Autisten.

Die Oberschwester hielt ihr Wort. Mirjam bekam sofort eine Lehrstelle für Krankenpflege als Quereinsteigerin.

Jede Woche einmal findet der theoretische Teil der Ausbildung statt. Anatomie, Physiologie, Pathologie des menschlichen Körpers lernt sie spielend.

Die grauen Zellen ihres Gedächtnisses sind optimal aufnahmefähig und vernetzt in alle Richtungen, so dass sie auch die schwierigsten Begriffe – häufig auf Deutsch und Latein – in Kürze parat hat.

Nicht so erfolgreich der praktische Teil.

So leicht, wie sie sich das eingebildet hatte, lassen sich ihre Wahrnehmungen leider nicht trainieren. Sie gehören zum festen Teil ihrer speziellen Veranlagung. Doch sie gibt sich große Mühe, stellt zumindest das Radrennen weitestgehend ein und versieht ihren Dienst relativ diszipliniert.

Ein Licht – wenn auch ein kleines – blitzt da auf!

Das heißt nicht, dass da alles wunderbar läuft.

Mirjam kommt oft nach Hause. Dann wissen wir, dass wieder etwas nicht geklappt hat. Nicht alle Schwestern nehmen sie in ihrer sonderbaren Art an. Manche finden sie abstoßend, widerlich, Das führt zuweilen zu groben Beleidigungen.

Aber das Mädchen weiß, dass wir ihr immer zur Seite stehen. Kommt es ganz schlimm, dann bittet sie: »Betet für mich!«

Mein Tagebuch besteht zur Hälfte aus Gebeten für unsere Tochter. Nicht jedes Mal können wir mit Mirjams Sorgen auf Station antanzen, um gutes Wetter bitten.

Beten! Alles ohne Umschweife aussprechen! .

Allein das deutliche Benennen hilft.

Sorgen bekommen Flügel, schwirren durch das Netzwerk Großhirn, tasten alles ab, docken dort an, wo Lösungen möglich sein könnten.

Diese Art beflügelte Sorgen erleichtern, entlasten das Herz, setzen besondere Energien, Kräfte frei.

Tiefe Dunkelheiten werden auf diese Weise Licht und zeigen einen begehbaren Wcg.

06.05.1989 – Eine lange Nacht

Soeben aus dem Senftenberger Theater zurück.

Wir – wie benommen. Stille während der Rückfahrt.

Zuhause dann bei Kerze und Rotwein sitzen wir uns kopfschüttelnd gegenüber und beginnen das Erlebte einzuordnen.

»Jeder gegen jeden« – so der Titel des Dramas.

Medea, die Kindesmörderin!

Wie passt das alles zu sozialistischer Moral?

Na ja! Verwunderlich eigentlich nicht, wenn wir die Entwicklung im kulturellen Bereich der letzten Jahre in Betracht ziehen. Auf den Bühnen weniger klassische zugunsten aktueller Angebote.

Hoch brisant zuweilen! Auch in Provinztheatern!

»Der Drache« – seit Jahren in Berlin und auf den Bühnen anderer großer Städte in der DDR. Dieses Drama von Jewgeni Schwarz ist eines der wenigen Bühnenstücke mit gesellschaftskritischem Inhalt. Es ist ein Feldzug gegen jegliche Diktatur, körperliche und geistige Unterdrückung, über das die gesamte osteuropäische Theaterwelt spricht.

Der Trend nun auch im Senftenberger Theater angekommen. Nicht erst seit heute, nein, das geht schon seit geraumer Zeit so. Wir versäumen in letzter Zeit möglichst keine neue Inszenierung.

Ganz aufgewühlt sprudelt es nur so aus uns heraus.

Weißt du noch?

»Die Preußen kommen« – Komödie von C. Hammel.

Eine Persiflage auf die deutsche Geschichte, die sozialistische Ära voll einbeziehend.

Da unterhält sich Martin Luther mit Lenin und zeigt ihm seine bekannte Schrift »Was tun?«. Und so reiht sich ein Gag an den anderen. Das Publikum wiehert vor Lachen. Wir waren dreimal da und warteten jedes Mal gespannt auf die Highlights.

Und dann die hochprovokanten Aufführungen wie »Das Meisterstück« und »Lieben sie Tschaikowski«, in denen Fehler über Fehler auf verschiedenen Ebenen unseres sozialistischen Alltags aufs Korn genommen werden.

Wir kommen aus dem Staunen nicht heraus. Der damalige Intendant musste den Hut nehmen.

Heute aber erleben wir: Es gibt keinen Halt!
   Gorbatschow hat auf der ganzen Linie gesiegt!
   Wurde seine bittere Medizin geschluckt?
   Wenigstens in kleinen Schlückchen?
   Wir sind voller Hoffnungsfreude!

20.05.1989 – Jugendweihe

Joachim führt dieses Jahr eine achte Klasse als Klassenleiter. Als solcher ist er für Jugendweihe verantwortlich, an der jeder Schüler teilnimmt, teilnehmen muss. Wer sich konfirmieren lassen möchte, tut dies ein Jahr später.

Zur Vorbereitung der Jugendweihe gehören zehn Jugendstunden, die außerhalb des Unterrichts liegen und über das Schuljahr verteilt sind.

Die diesjährige achte Klasse – recht intelligent und vielseitig interessiert. So gibt sich der Klassenleiter Mühe, sinnvolle Jugendstunden zu organisieren, sodass seine Schüler etwas für ihr Leben daraus mitnehmen können. Dazu gehören Gespräche, Diskussionen mit erfahrenen Menschen, auch

Besichtigungen von Betrieben, Besuch kultureller Veranstaltungen. Joachim ist erstaunt über die Fragen, die seine Schüler stellen. Sie wollen genau wissen, was sich da gerade abspielt in der DDR. Immer mehr Menschen verlassen ihre Heimat .Die Vierzehnjährigen bringen mit ihren brisanten Fragen die Gesprächspartner manchmal ganz schön in Verlegenheit.

Und nun – zur Abschlussfeier der Jugendweihe.

Für die Festrede der diesjährigen Veranstaltung wurde die Vorsitzende des Rates des Kreises gewonnen.

Im Rahmen dieser Veranstaltung hält ein ausgewählter Schüler eine Dankesrede.

Joachim – voller Spannung, Aufregung.

Was wird er sagen?

Und dann hört er erstaunlich gute Worte von seinem kaum vierzehnjährigen Schüler.

Einfach phänomenal!

Einige Gedanken davon notiert er sich sofort:

»Meine Vorbilder – nicht nur die Eltern, Lehrer, Vorbilder aus der Geschichte wie die Geschwister Scholl, Rosa Luxemburg etc. …

Nein, es gibt auch mutige, zukunftweisende Politiker der Gegenwart wie Michail Gorbatschow.

Mit seiner Politik von Perestroika und Glasnost wage ich es zu hoffen, dass meine Träume von einem gemeinsamen schönen Haus Europa, in dem alle Völker vom Mittelmeer bis zum Ural gleichberechtigt wohnen, eines Tages wahr werden.«

Mit Stolz registriert der Klassenleiter den stürmischen Beifall, den sein Schüler bekommt.

23.05.1989 – Provokation

In der ersten Pause zu Beginn der neuen Schulwoche wird Joachim zum Direktor zitiert. Dieser – sehr aufgeregt – teilt ihm mit, dass er gerade einen Anruf von der Ratsvorsitzenden des Kreises erhalten hat, welche die Dankesrede des Schülers als Provokation bezeichnete.

Joachim stellt sich sofort demonstrativ hinter die Aussagen seines Schülers und fordert eine baldigst mögliche Aussprache mit der Ratsvorsitzenden.

Erst nach Wochen kommt es dazu.

In der Zwischenzeit hat sich Joachim die Rede seines Schülers noch einmal genauer angeschaut.

Na ja, jegliche Phrasen im Hinblick Sozialismus – Fehlanzeige. Dafür Perestroika, Glasnost.

Nicht sehr schmeichelhaft für unsere Funktionäre!

Wie wird wohl die Unterredung ausgehen?

Absetzbewegung

Joachim – mit Zorn im Bauch zur Aussprache.
Er wird sich nicht klein reden lassen.
Er weiß längst, dass er eine Stasiakte hat.
Lehrer und Christ – wie kann das auch anders sein?
Ein Eintrag mehr oder weniger spielt nun keine Rolle mehr.

Neben der Ratsvorsitzenden nimmt auch die stellvertretende Schulrätin, gefürchtet wegen ihres dogmatischen, kompromisslosen Leitungsstils, an der Aussprache teil.
Gleich zu Beginn verkündet Joachim lauthals, dass er die so genannte Provokation auf sich, den Klassenleiter, nehme.
Er ist dem Schulamt nicht gerade als Duckmäuser bekannt.
Schon nach den ersten Worten ist Joachim klar, dass kräftig zurückgerudert wird, dass die Aussagen seines Schülers heruntergespielt werden. .

So verläuft dieses Gespräch in einer unerwartet angenehmen Atmosphäre.
Beiläufig teilt ihm die Schulfunktionärin sogar mit, dass sie auch getauft sei.
Geordneter Rückzug auf der ganzen Linie!

04.06.1989 – Orgelkonzert

Seit Jahren fahren wir häufig zum Konzert an der Silbermann-
orgel in der Kirche St. Georg.

Menschen aus der ganzen Umgebung bis hin nach Dresden
strömen in diese kleine Dorfkirche. Das ist jedes Mal ein um-
werfender Musikgenuss.

Unsere Freunde aus Hoyerswerda sind auch wieder da. Anschließend sind wir vier zusammen bei uns zu Hause. Nachdem wir
musikalisch verwöhnt wurden, versucht es Joachim mit Gau-
mengenüssen, die vor allem Renate in vollen Zügen genießt. So
erleben wir eine gemeinsame sehr harmonische Zeit..

Bald laufen die Gespräche in eine ernste Richtung.
   Wolfgang berichtet aus seinem Betrieb.
   Wichtige Fachleute – einfach weg!
   Ärzte, Schwestern – fort in Richtung Westen!
   Alle Schlupflöcher werden genutzt.
   Nur weg! Wie lange wird das noch gut gehen?
   Hoffentlich fließt nicht eines Tages Blut!

08.06.1989 – Besuch im Krankenhaus

Wir fahren zum Krankenhaus, wo Mirjam arbeitet.

Dort bewohnt sie ein Zimmer. Sie ist nicht sonderlich ordentlich, so räumen wir auf, legen ihr frische Wäsche hin und alles, was sie sonst noch benötigt.

Unsere Tochter arbeitet auf einer Station für Alterspsychiatrie. Sie ist heute noch nicht zurück, daher wollen wir sie einmal bei der Arbeit erleben.

Mirjam empfängt uns freundlich und ausgeglichen.

Es ist Besuchszeit. Einige Patienten sitzen im Flur. Als wir das Krankenhaus verlassen wollen, werden wir angesprochen: »Ach, die Schwester Mirjam ist wohl ihre Tochter? Das ist eine nette Schwester! Die fackelt nicht lange, erledigt alles, ohne zu murren. Und lachen kann die – schallend, mitreißend!«

Was war denn das? Ein Geschenk für uns!

Unsere Tochter wird gelobt! Trotz Autismus!

Warum auch nicht?

Die Mimik in den Gesichtern der Patienten nimmt Mirjam kaum wahr, ist unbeeindruckt davon.

Mit ihrem besonderen Geruchssinn schreckt sie vor üblen Gerüchen nicht zurück.

Unordnung bringt sie überhaupt nicht aus der Ruhe.

Mit diesen Eigenschaften kann sie Patienten über Missgeschicke hinweg helfen.

Mirjam arbeitete bereits ein Jahr in einer Einrichtung mit psychisch Schwerkranken.

Damals, nach dem Schulabschluss der zehnten Klasse, hatte Mirjam gerade fünf Monate Charité hinter sich und ihr Körper damit zu tun, die im Übermaß verabreichten Medikamente abzubauen.

Keinerlei Zukunftsplanung! Was tun? Wir – ratlos.

Mirjam selbst wählte sich ein Freiwilligenjahr in der Heilstätte für psychisch Kranke in unserer Nähe. Täglich etliche Kilometer hin und zurück per Fahrrad – das gefiel ihr schon einmal. Aber wie würde es weitergehen?

Die Schwestern dort kannten Mirjams Geschichte:

Sehr gute Zeugnisse, psychisch jedoch instabil.

So wurde Mirjam trotz all ihrer Schwierigkeiten relativ gut aufgenommen.

Unsere Tochter zeigte eine besondere Fähigkeit,

nämlich unvoreingenommen, völlig gelassen auf die stark Behinderten zuzugehen.

Daraus erwuchs ein vertrauensvolles Verhältnis der Patienten ihr gegenüber. Eine junge Frau, an Schizophrenie erkrankt, versuchte in bestimmten Situationen aus dem Heim zu entkommen. Die Schwester Mirjam behandelte sie wie ihre Eingeweihte und sagte ihr vorher, wenn sie auszubrechen beabsichtigte, sodass es vereitelt werden konnte, wenn Mirjam zu dieser Zeit Dienst hatte.

Eine Patientin lag Mirjam besonders am Herzen.

Carola – in einem verschlossenen Einzelzimmer, hochgradig aggressiv, randalierte, zerriss alles wie Betten, Decken etc. …

Keine Schwester ging gern in ihr Zimmer. Wenn Mirjam Dienst hatte, übernahm sie das freiwillig. Sie wusch, fütterte und versorgte sie rundum.

Einmal kam sie ganz aufgeregt nach Hause: »Stellt euch vor, heute kam Carola plötzlich aus ihrem Zimmer gerannt. Alle Schwestern im Nu in Deckung! Ich habe Carola dann wieder in ihr Zimmer gebracht.«

Jeden Abend berichtete Mirjam mit Stolz, wie sie die Kranke umsorgte und wie diese sich in ihrer Nähe vertrauensvoll beruhigte.

Schließlich starb Carola in Mirjams Armen.

Das sah richtig gut aus mit Mirjams Einsatz dort. Die Oberschwester hatte ihr bereits einen Studienplatz an der Medizinischen Fachschule Cottbus verschafft. Doch das lehnte unsere Tochter ab. Unvereinbar mit ihrem Radtraining..

Ihr Vater bemühte sich um verschiedenartige Ausbildungsplätze. Jedoch erfolglos.

Wie gut wäre es, wenn es endlich einmal klappte.

Heute – ein wahrhaftig erfreuliches Erlebnis.

Die Wahrnehmungsdefizite aber bleiben.

Mit gutem Willen jedoch ist viel machbar.

Das durften wir soeben erfahren.

Ein Hoffnungsschimmer am Horizont!

Juni 1989 – Seminar für Lehrer

Joachim erhält eine Einladung für ein fünftägiges Seminar für Lehrer aus Ost- und Westdeutschland .

Etwas völlig Neuartiges für uns!

Joachim – überrascht!

Ort der Veranstaltung: Dietrich-Bonhoeffer-Haus in Berlin, in Nachbarschaft zum Friedrichstadtpalast.

Der Theologe Bonhoeffer ist uns gut bekannt. Wir kennen seine Biografie, besitzen das »Bonhoeffer- Brevier«, das schon recht zerlesen ist. Seine Worte

»Von guten Mächten wunderbar geborgen …« begleiten uns beinahe täglich, vor allem, wenn wir mit Mirjams Problemen nicht ein noch aus wissen. Doch im Bonhoeffer-Haus waren wir noch nie.

Und jetzt diese Einladung für einen Lehrer aus der atheistischen DDR zu einer Bibelwoche!

Unglaublich!

Volle Begeisterung, als Joachim nach Hause kommt.

Endlich einmal nichts über den Sieg des Sozialismus! Stattdessen intensives Nachdenken zum Thema »Was ist der Mensch«.

Dazu Vorlesungen, Diskussionen, Gesprächskreise in kleinen Gruppen, daraus erarbeitete Sketche.

Bei der offenen und ehrlichen Auseinandersetzung mit dem Thema prallen die Meinungen aufeinander.

Wie wohltuend!

Mit Stolz präsentiert mir Joachim ein Buch, das er von einer westdeutschen Lehrerin geschenkt bekam. Der Titel »Wege entdecken«.

Betrachtungen, biblische Texte, Gebete.

Die Kollegin schrieb ihm folgendes ins Buch:

Danke dafür, dass du da warst, Joachim.

Danke für die Bereicherung dieser Tage durch dich.

Was für ein Ergebnis zum Thema »Mensch« hatte sich dabei herauskristallisiert?

Der Mensch ist ein denkendes Wesen, doch erst im Sinne der Bergpredigt vollkommen.

Wenigstens im Hinterkopf müsse die Bergpredigt verankert sein!

Wann wird das geschehen?

Wie lange wird es noch dauern, bevor aus dem homo sapiens ein Mensch wird, der die Bergpredigt integriert hat und danach lebt?

Dann hätten wir fürwahr den Himmel auf Erden, das Paradies!

Doch dafür sind wir Menschen hier auf unserem Planeten wohl noch nicht reif!

Da fehlt noch einiges!

Seligpreisungen

Israel vor etwa zweitausend Jahren.

Ein sonderbarer Mensch aus Nazareth taucht am See Genezareth auf – Jesus Christus.

Die Menschen sind zumeist Fischer in dieser Gegend. Einige von ihnen werden seine Freunde, später Jünger genannt.

Jesus lebt sehr bescheiden, oftmals nur in einer Höhle der Berge um den See herum.

Abends sitzen die Männer beisammen. Spiegelglatt wie eine Tanzfläche der See vor ihnen, doch gar stürmisch kann er sich manchmal gebärden.

Angenehm mild das mediterrane Klima.

Oleander, Hibiskus, Bougainvillea, Ein Meer von Duft und Farbe.

Da sitzen sie nun – Jesus und seine Freunde, Jünger.

Vorwiegend Klagen hört er. Alltagsgejammer. Nicht genug Fang. Geldnot. Neid, Zank und Streit etc. …

Aber Jesus lacht sie nur aus und sagt provozierend:

»Wie dumm ihr doch seid! Fehlt es euch wirklich an etwas? Versucht, im Guten mit euren Nachbarn auszukommen! Helft einander, so gut ihr könnt!

Habt ihr genug, so gebt dem etwas ab, der es braucht. Seid nachsichtig mit den Schwachen! Sorgt für Gerechtigkeit, dann wird euer Herz weit und es wird euch rundum gut ergehen. Ja, ihr werdet überglücklich sein. Selig!«

Viele Menschen der Umgebung hörten von dem Mann aus Nazareth und kamen dorthin.

So stieg Jesus auf einen Berg – Berg der Seligpreisungen – damit ihn alle verstehen könnten.

Von dort verkündete er seine Seligpreisungen.

Welche Rolle spielen diese in unserer Zeit?
Die Leidtragenden
Die Friedfertigen
Die Barmherzigen
Die Sanftmütigen
Die Gerechten ….

Wie klingt das in den Ohren der Menschen zweitausend Jahre danach? Selig sind …
Allesamt Loser – Verlierer!

Wie weit komme ich als Lehrer mit einer randalierenden Klasse, wenn ich die Schüler derartig zur Räson bringen will?

Es ist wahrhaftig nicht leicht, die Bergpredigt in unser aktuell sehr hektisches, widersprüchliches Leben zu integrieren.

Es bedarf gründlichen Nachdenkens, um diese Erkenntnis, die Joachim aus der Bibelwoche mitbrachte, wenigstens in kleinen Schritten in unser Handeln einfließen zu lassen.

Werden wir Menschen das jemals begreifen und umsetzen können?

Juli 1989 – Gemeinsames Training

Mirjam kommt verdächtig oft nach Hause.

Es dauert nicht lange, dann wieder dasselbe Lied.

Die Oberschwester hat das gesamte Personal auf Mirjams Station über ihre Behinderung informiert.

Ohne Erfolg. Da geschehen Verletzungen ihrer persönlichen Würde von unvorstellbarem Ausmaß.

Wir wissen nicht, was wir noch tun könnten. Unsere Traurigkeiten, Schmerzen um Mirjam – abgenutzt.

Gebete? Was ließen wir unberücksichtigt?

Damit leben wir, müssen wir leben!

Unser Stimmungsbarometer – zu oft unten!

Mirjam beweist eine erstaunliche Lebenstüchtigkeit.

Sie kommt nach Hause, spuckt alles aus und danach
auf zu Neuem! Komme, was da wolle!

Heute Mittag erscheint sie plötzlich wie gewohnt durstig, hungrig, nach Schweiß und Fahrradöl übel riechend.

Schon bald vor uns ein reich gedeckter Tisch.

Eine Freude für uns, wie die Tochter kräftig zulangt.

Mirjams Neuigkeiten, die sie nun gleich zum Besten geben wird, sind normalerweise von der Art, dass wir gern darauf verzichten.

Heute nun einmal etwas ganz Neues.

»Stellt euch vor!« beginnt sie geheimnisvoll, »ein Radfahrer aus meiner Trainingsgruppe hat mich zu einer DDR-Rundfahrt in den Sommerferien eingeladen. Ich habe abgesagt. Jeden Tag woanders – nichts für mich.«

Das stimmt. Sie mit ihrer speziellen Veranlagung braucht einen geregelten Tagesablauf. Schade! Eine versäumte Gelegenheit, nach der Vergewaltigung aus der Angstphase herauszufinden!

Doch heute bleibt es erfreulich für uns.

Mirjam trainierte bereits mit ihm und weiß viel über ihn zu berichten:

Rudolf ist 44 Jahre alt, geschieden, eine 15jährige Tochter. Er hat seine Familie verlassen. Lebt hier in der Gegend, arbeitet als Bergmann, ist begeisterter Radfahrer in seiner Freizeit.

Das klingt gar nicht schlecht. Als Mann ist er für sie uninteressant. Das gemeinsame Radfahren reizt sie.

Immerhin, ein Partnertraining! Das kann unserer autistischen Tochter nicht schaden!

Ein kleiner Schub nach vorn vielleicht?

Freude, nichts als Freude!

Juli/August 1989 – Sommerferien

Es ist was faul im Staate DDR!

Es brodelt rundum. In unserem Dörfchen ist alles ruhig. Doch das Westfernsehen vermittelt uns ein anderes Bild. Demonstrationen in vielen Städten, Leipzig als besonders weltoffene Messestadt voran.

Man stelle sich vor:

Unzufriedenheitskundgebungen in der DDR!

Anliegen der Demonstranten?

Die Menschen wollen frei ihre Meinung sagen können, ohne von der Stasi erfasst zu werden und im Gefängnis zu landen, ohne Bevormundung ihr Leben gestalten.

Wir sitzen jede freie Minute am Fernsehapparat.

Wir staunen und erschrecken, wie schnell Menschen ihre Heimat aufgeben können. Mit Kind und Kegel und einigen wichtigen Sachen – ab nach Ungarn oder wo sonst noch eine kleine Lücke klafft!

Wo soll das hinführen?

Schon gibt es personelle Engpässe!

Wie wird unser Leben hier weitergehen?

August 1989 – Sotschi

Joachim hat für diesen Sommer eine Reise nach Pizunda gebucht. Dort in der Nähe soll sich die griechische Sage vom Goldenen Vlies zugetragen haben! Jason und Medea!

Wir freuen uns auf diese geschichtsträchtige Region am Schwarzen Meer. Zwei Tage vor Fahrtbeginn schickt uns das Reisebüro eine Umbuchung nach Sotschi. Warum? Wegen Unruhen im Kaukasus ist Pizunda gesperrt.

Nun also Sotschi. Äußerst komfortables Hotel, unmittelbar am Schwarzen Meer gelegen. Eigentlich nicht für DDR-Urlauber gedacht, sondern für Leute mit harter Währung. Die aber haben dieses Jahr abgesagt. Poltisch zu unsicher diese Gegend hier!

Was ist denn los? Nicht nur in der DDR kehrt sich einiges von unten nach oben. Auch hier?

Es knistert, kriselt, schreit nach Perestroika unter der sehr stabil anmutenden Decke der großen SU!

Die kleinen kaukasischen Republiken begehren auf,

bekommen Appetit auf den Geschmack ihrer Vorfahren. Nicht nur in kleinen Häppchen! Sie sind bereit, für ihre Identität etwas zu riskieren.

Wir genießen in vollen Zügen Sotschi.

Subtropische Pflanzen, wohin das Auge blickt.

Parks voller Palmen, Pinien, Zedern.

Haine blühender Magnolien, Hibiskus, Oleander.

Alleen pastellfarbener Träume der Schirmakazien.

Nicht weit weg von unserem Hotel – ziemlich versteckt – eine kleine russisch-orthodoxe Kirche.

Die Gottesdienste – eine uns unbekannte Dimension auf emotionaler Ebene.

Das Highlight: Eine Bootsfahrt bei Vollmond.

Blutrote Sonne, allmählich versinkend im Meer.

Eine Sinfonie in Rot, Orange, Gelb am Horizont.

Widerspiegelung gebrochener Farbtöne auf der glitzernden Oberfläche des Meeres.

Reizvolles Panorama sanfter Hügel in weichem violettem Abendlicht.

Und schließlich wir alle eingetaucht, umhüllt von den warmen Strahlen des Mondes.

Beschenkt mit umwerfenden Erlebnissen kehren wir nach Hause zurück.

Voll aufgetankt nun sind wir gerüstet für ein neues Schuljahr. Was wird da wohl passieren?

Schuljahresbeginn

»Kollegen«, so der Direktor, »wir feiern den 40. Jahrestag unserer Republik. Wie gedenkt ihr diesen Tag mit euren Klassen vorzubereiten?«

Stimmung: – lahm! Luft – raus! Null Begeisterung!

Im Lehrerzimmer wird ohne vorgehaltene Hand über die brisante Lage rundum gesprochen.

Montagsdemonstrationen in Leipzig! Unwahrscheinlich! So etwas in der DDR?

Einer der Lehrer, strammer Genosse, zelebriert mit großer Geste ein Zitat aus der Bibel:

»Vierzig Jahre habe ich Geduld mit diesem Volk gehabt. ...«

Darauf wird mit Gelächter, Schmunzeln, trübsinnigem Achselzucken reagiert.

Keiner meiner Kollegen kennt die Bibel so genau, ich auch nicht. Ich weiß aber, dass die Zahl vierzig in der Bibel wahrhaftig eine große Rolle spielt, natürlich auf das Volk Israel gemünzt.

Unruhe, Ungewissheit, Enttäuschung, Hoffnung.

Da kommt allerhand auf einmal zusammen.

Doch wir sind Lehrer und Erzieher, haben einen wichtigen Auftrag für unsere Kinder.

Funktionäre des Staates?

Das haben wir noch nie so ernst genommen!

Eines ist uns aber gewiss: Unsere Schüler sollen unter dem ganzen Drunter und Drüber nicht leiden!

So läuft das Schuljahr an.

Die Zukunft steht in den Sternen.

September 1989 – eine wichtige Konferenz

So habe ich Joachim noch nie erlebt!
Zufriedenheit und Stolz! Was war geschehen?

Vor mehr als zwanzig Jahren trat Joachim der CDU bei, um nicht von der SED aufgesaugt zu werden, um mit dem »C« sich als christlicher Lehrer an einer EOS zu outen, um die intelligentesten Schüler seiner 11. Klasse, Mitglieder der Jungen Gemeinde, moralisch in ihrer Haltung zu unterstützen.

Joachim wusste genau, dass man mit dieser Partei, einem Anhängsel der SED – im Volksmund »Blockflöte« genannt – nichts Umwälzendes bewegen kann, aber er hatte erreicht, was er wollte.

Und nun die Bezirksdelegiertenkonferenz der CDU..

Zu Hause angekommen, voll erregt sprudelt es wie aus einem Wasserfall:

»Wo leben die denn? Haben die überhaupt noch nichts begriffen? Gesülze über Gesülze! Ich kann es nicht wiederholen, dann kommt es mir oben raus! Leere Gesichter rundum, dem Einnicken nahe.

Nach meiner Wortmeldung zur Diskussion erscheine ich als letzter auf der Rednerliste.

Ich nehme all meinen Mut zusammen. Voll in Wut über die verlogenen Phrasen, die Worthülsen, kippe ich alles ab, was mir vor den Bug kommt.

Diese Arschkriecherei hin zur SED!

Ohne eigene Initiative, Enthusiasmus!

Augenwischerei allem Kritikwürdigem gegenüber!

Warum diese erneute Fluchtwelle?

Perspektivlosigkeit! Nichts anderes!

Wer wohnt denn schon gern in halb verfallenen Städten Wer lässt sich denn gern alles vorschreiben?

Politisches Wohlverhalten vor Sachkompetenz!

Was setzt unsere Partei dagegen?«

Joachim trägt mir fast den gesamten Diskussionsbeitrag noch einmal vor.

»Und stell dir vor, plötzlich alle Teilnehmer munter. Beifall immer wieder und am Ende tosender Beifall.

Weißt du, wie gut das tut, alles auszuspucken, was einem schon lange bewegt? Was ist denn aus meiner wunderschönen Heimatstadt geworden? Ganze Straßenzüge weg! Wer soll sich denn dort wohl fühlen? Es wird Zeit, die Augen wieder richtig aufzumachen und ehrlich zu registrieren, wohin wir gekommen sind!

Unsere Partei, wir alle haben es zugelassen, zu oft geschwiegen!«

Zufrieden lehnt sich Joachim zurück.

Mit einer Flasche Wein runden wir diesen Tag ab.

Oktober 1989 – Mirjam und Rudolf

Die beiden jungen Menschen – begeisterte Radsportler. Sie trainieren zusammen, sooft es ihre Freizeit erlaubt. Mirjam tut es sehr gut, einen Gleichgesinnten zu haben.

Sie kommen auch gern einmal bei uns vorbei.

So lernen wir also auch Rudolf kennen – gut aussehend, groß, schlank, sportlicher Typ, freundlich und höflich. Die beiden sind nur Sportfreunde!

Er himmelt Mirjam förmlich an, ist erstaunt über ihren Eifer und Enthusiasmus für den Radsport.

Mirjam gefällt das natürlich, so dass wir beide immer bei guter Laune erleben. Solch eine angenehm entspannte Atmosphäre ist für uns neu. Nach einer weiten Tour richten sie es gewöhnlich so ein, dass sie am Schluss – müde und verschwitzt – bei uns einkehren.

Ordentlich waschen zuerst, Trikot wechseln, schon duftet ein verheißungsvolles Mahl auf dem Tisch.

Welch große Freude, den beiden Ausgehungerten beim Essen zuzuschauen. Ein Geschenk!

Abgesättigt nun, ein Tässchen Kaffee und etwas Süßes zum Abrunden, da melden sich schnell die Lebensgeister nach der anstrengenden Fahrt zurück.

Auf dem Sofa, warm und gemütlich, kommen wir schnell ins Plaudern. Stoff dazu gibt es wahrlich genug.

In Fahrt gekommen, überschlagen sie sich gegenseitig mit Neuigkeiten.

Habt ihr schon gehört?

Da tut sich ja allerhand bei uns! Völlig unbekannte politische Gruppen! »Demokratischer Aufbruch«. »Neues Forum«.

Ist ja aber auch eine Schweinerei mit der Stasi!

Und wie wir eingesperrt sind! Das können die doch nicht mit uns machen!

Na ja, vielleicht dürfen wir doch bald mal rüber.

Aber dann geht's los, nicht wahr Rudolf?

Dort soll es Fahrräder geben! Traumhaft! Ganz leicht. Ich spar schon mal dafür.

Habt ihr von den Montagsdemonstrationen in Leipzig gehört? Dort geht ja was ab! Menschen von überall kommen dorthin. Hoffentlich geht das gut!

Dagegen das große Fest »40. Jahrestag der DDR« in Berlin. Ein einziger Flop! Beschämend.

Sehr interessant für uns, wie die jungen Leute das sehen und was für Wünsche anstehen.

Wir haben einige angenehme Stunden mit den beiden erlebt und sind dafür sehr dankbar.

Oktober 1989 – Herbstferien

Kurz vor den Herbstferien flatterte in unsere Schule eine Einladung für Englischlehrer.

Ich – die einzige Englischlehrerin, absolvierte noch im Alter von 40 Jahren ein Fernstudium für Englisch an der PH Potsdam.

Diese Einladung – also an mich.

Zeit: Herbstferien

Ort: Potsdam

Thema: Konversationsenglisch

Ich bin sofort begeistert. Meine Englischkenntnisse aus Schule, Seminaren, Vorlesungen. Noch nie ein Land besucht, in dem Englisch gesprochen wird.

Also echter Nachholbedarf für mich!

Noch ist das Fach Englisch fakultativ, dem in der Zensurenskala keinerlei Bedeutung beigemessen wird. Das könnte sich vielleicht bald ändern!

Also nichts als hin!

Wir sind ein zusammen gewürfeltes Häufchen aus der gesamten DDR. Es wird weitestgehend nur Englisch gesprochen. Wir bekommen Themen, die wir in kleinen Gruppen erarbeiten, dann dem Seminar vortragen und darüber diskutieren.

Das fällt mir nicht leicht, habe ich doch weder zu Hause noch im Kollegium die Möglichkeit, Englisch zu sprechen. Schließlich finde ich mich doch einigermaßen damit zu Recht.

In den Pausen, an den Abenden dann steht die aktuelle Situation unserer Gesellschaft im Mittelpunkt der Gespräche.

Bei einem Abendspaziergang schildert mir eine Teilnehmerin aus Weimar, dass sie, wenn möglich, jeden Montag nach Leipzig fährt, um dort vor Ort die sich zuspitzende Entwicklung in unserem Land mitzuerleben.

Eindrucksvoll erzählt sie, wie das abläuft.

Nach einer Abendandacht um 17.00 Uhr in der Nikolai-Kirche haben sich draußen vor der Kirche unzählig viele Menschen mit Kerzen und Plakaten versammelt, die anschließend in einem friedlichen Demonstrationszug durch Leipzig ziehen.

»Heute Abend. Neues Forum. Friedrichkirche Babelsberg. Kommst du mit?«

So sickert es durch unsere Reihen.

Tagespensum für Englisch geschafft, schon steht eine Clique zum Abmarsch bereit.

Tiefe Dunkelheit bereits.

Beklommen im Herzen.

Hirnkarussell, beladen mit Befürchtungen, jedoch auch gespannte Aufregung.

Dann im Menschenstrom zur Friedrichkirche.

Fest geklammert an den Arm meines Nachbarn, weist er mich bedeutungsvoll auf die Nebenstraßen hin: »Sieh mal da! Und dort! Da drüben auch! Überall Polizeiautos, patrouillierende Polizisten!«

Bedrückung, schleichende Furcht nimmt mich ganz ein.

Endlich vor der Kirche angekommen.

Menschen über Menschen.

»Kirche besetzt! Einlass schubweise!« heißt es.

Unsere einzige Chance – Geduld.

Alle Anwesenden unter Strom.

Wann wird die Bombe platzen?

Verängstigte, eingeschüchterte Gesichter.

Hie und da aufflammende Hoffnungspartikelchen.

Grüppchen, erregt gestikulierend und sich gegenseitig zu gedämpfter Lautstärke ermahnend.

Wir sind schon ziemlich am Ende unserer Kräfte.

Ganz still. Endlich schaffen wir den Einlass.

Engagierte Frauen und Männer stellen sich uns als Mitglieder des Neuen Forums vor.

Woher nehmen die nur die Kraft, so viele Menschen zu ermutigen, klar zum Ausdruck zu bringen, was sie in ihrem DDR-Alltag bedrückt, einengt und wie sie dagegen angehen sollten.

Mit ihren Aussagen vermitteln sie den Zuhörern Mut und Hoffnung für eine bessere Zukunft.

Nachdenklich auf dem Heimweg.

Es hat sich gelohnt!

Jeder klopft sein Hirn nach Handlungsressourcen ab.

Wir nehmen viel mit nach Hause, nicht nur freies Sprechen in englischer Sprache.

Da ist noch mehr!

04.11.1989 – In Berlin

Hoch erfreut!

Theaterkarten mit Annelie und Gerrtd für Volker Brauns »Übergangsgesellschaft« im Maxim-Gorki-Theater Berlin. Per Auto bis Rand Berlin, von da mit der S-Bahn.

Was werden wir heute auf der Bühne zu sehen bekommen? Braun soll Tschechows »Drei Schwestern« als Vorlage benutzt haben. Dieses Drama haben wir bereits gesehen, Junge Leute – übersättigt, voller Sehnsüchte, ohne Visionen sich in den Tag hinein träumend. Stimmungsbarometer von wohltemperiert bis hin zu trist, gähnend langweilig, abstoßend ungemütlich.

Wie wird das Braun in die heutige Zeit übersetzt, integriert haben?

Nichts ahnend verlassen wir am Alexanderplatz die S-Bahn. Dort – Menschen über Menschen! So viel auf einmal noch nie gesehen! Immer mehr wälzen sich aus allen Richtungen heran. Ein Meer von Plakaten! Wir sind gebannt von einem derartigen Szenario.

»Siehst du da drüben das Rednerpult auf der
Tribüne? Da spricht doch jemand! Bei dem Lärmpegel kann man es trotz Lautsprecher nicht verstehen! Ist das nicht Schorlemmer?« schreit Joachim fasziniert.

Wir stehen wie angewurzelt. Wie lange? Keine Ahnung. »Jetzt aber los!« mahnt Joachim, »um einigermaßen pünktlich ins Theater zu kommen!«

Wir zwängen uns durch die Menschenmassen.

»Die Übergangsgesellschaft«.

Wie hat Volker Braun es gepackt, unsere Probleme einzufangen? Ist nicht das, was draußen gerade geschieht, die Realisierung seines Anliegens?

Ende der Bevormundung! Aufrechter Gang!
Es dauert nicht lange, schon hat uns das Stück voll im Griff.
Wir kommen nicht zum Nachdenken!
Dramatisch – überdramatisch!
Still und nachdenklich verlassen wir das Theater. .

»Unter den Linden« angelangt.
Gegenüber von uns – die Deutsche Staatsoper.
Der Opernplatz voll von abgelegten Plakaten.
Und Kerzen, Kerzen, Kerzen.
Mehr oder weniger niedergebrannt.
Müde flackerndes Licht.
Kleine Gruppen neugieriger Leute, Plakate lesend.
Wir gehören auch dazu.

Auf dem Nachhauseweg ringen wir nach Antworten, passend zu der Riesendemo am Nachmittag als auch zu Volker Brauns Drama.
Dieser Tag! Voller Eindrücke, Denkanstöße!
Wir suchen den roten Faden.

Nein! Sozialistische Gesellschaft, Sicherheit, Geborgenheit – keine Garantien für zufriedenes Leben. Dafür sind Menschen zu unterschiedlich.

Jedem Bürger muss ohne Repressalien seine Selbstbestimmung gewährt sein. Wie aber ist es? Jeder hat seinen festen Platz im Gefüge der sozialistischen Gesellschaft, wo er funktionieren muss – ohne aufzumucken.
Davon können wir, Joachim und ich, ein Lied singen. Lehrer und Christ!

Schließlich kommen wir vier zu einem einhelligen Ergebnis: Das ist es, was uns Volker Braun mit seinem Drama vor Augen führt. Er will uns anspornen, etwas dagegen zu unternehmen.

Die Zeit ist reif, dass etwas geschieht!
Das wurde uns gerade zweifach vorgeführt.
Abgenutzte Phrasen vom Wohlleben im Sozialismus ziehen nicht mehr.

Zu Hause angekommen – schnell an den Fernseher.
ARD-Spätausgabe der Tagesschau berichtet:
Heute in Ostberlin die größte Demonstration in der Geschichte der DDR.
Namhafte Persönlichkeiten aus Kultur, Religion, Politik und Sport wie Christa Wolf, Gerhard Schöne, Friedrich Schorlemmer und andere redeten sich ihren Frust von der Seele.

Stefan Heym sprach von einem aufgestoßenen Fenster, um Stagnation auf allen Gebieten, Dumpfheit, Blind- und Taubheit, Sprachlosigkeit und Phrasengewäsch abziehen zu lassen.
Mündige Menschen sind das Ziel!

Solch einen Tag erlebt man nur einmal in seinem Leben! Darüber sind wir uns alle einig.

10.11.1989 – Kalt erwischt!

Früh zum Unterricht. Ein wenig unausgeschlafen.

Die gestrige Geburtstagsfeier am Abend – recht fröhlich und etwas überlang.

In mich gekehrt gehe ich gedanklich den Unterricht schon einmal durch. Chemie, Biologie, Englisch.

Da muss allerhand bereitgestellt sein.

Bereits im Pausenraum schallt mir ein übermäßiger Lärm aus dem Lehrerzimmer entgegen. Ich öffne die Tür. Alles auf den Beinen. Einer übertrumpft den anderen an Lautstärke. Nichts zu verstehen.

»Was ist hier los?« schreie ich, so laut ich kann.

»Ach, du weißt wohl noch gar nichts?« Ungläubiges Staunen.

»Was soll ich wissen?« Immer noch im Dunkeln.

»Die Mauer ist gefallen!« Wie aus der Pistole geschossen.

»Waaas?« Das Wort will mir förmlich im Halse stecken bleiben. Und nun hagelt es von allen Seiten:

Wir können jetzt rüber!

Endlich werden wir unsere Verwandten treffen!

Vielleicht dürfen wir jetzt auch reisen!

Ja, den westlichen Teil des Globus erkunden!

Und die Südfrüchte in Hülle und Fülle!

Tiraden seit Jahren unausgesprochener Wünsche schwirren durch das Zimmer, bis einer ruft:

»Habt ihr das Klingelzeichen überhört? Unsere Schüler brauchen jetzt Stoff. Also ran, Kollegen! Arbeit ist Arbeit. Da hilft auch kein Mauerfall!«

Wir – alle nun ab in die Klassenräume.

Bei jedem läuft während des Unterrichts neben dem Unterrichtsstoff eine zweite Spur:

Wie wird das wohl jetzt weiter gehen?

Inwiefern tangiert das mein Leben?

Der Westen – gewiss kein Paradies!
Alles hat zwei Seiten! Ungewissheit!
Verhaltener die Töne dann schon in der Pause.

Zu Hause – Joachim und ich – kopfschüttelnd.
Noch vor wenigen Tagen in Berlin auf der Demo Denkanstöße in Richtung Erneuerung!
Und jetzt soll alles zusammenbrechen?
Wir sind fassungslos!

Am späten Nachmittag.
Hilmar stürmt völlig aufgelöst ins Zimmer
»Komme gerade von der Jugendweihefahrt mit meiner achten Klasse aus Berlin zurück. Bin außer Rand und Band! Dass ich so etwas miterlebe! Jahrzehntelang durfte ich meinen Vater nicht sehen, was für ein Jubiläum auch gefeiert wurde. Und nun das!
Zum Glück haben die Schüler in der Jugendherberge nichts mitbekommen. Zu sehr mit sich beschäftigt.
Als dann alle schliefen, hielt mich nichts mehr zurück. Ich musste dabei sein! Aufsichtspersonen gab es genug in der Herberge.«

Hilmar ist ein sehr ausgeglichener Mensch.
Sein wohltemperiertes Stimmungsbarometer ist stets auf moderat gestellt.
Heute aber – bis zum äußersten Rand mit Energie
geladen, voller überschäumender Begeisterung, kaum in der Lage, die richtigen Worte zu finden.

»Nein, das könnt ihr euch nicht vorstellen! Einfach unsagbar! Ein Meer von Menschen in Freude vereint. Aus allen Richtungen der Schrei:
Die Mauer ist gefallen!!!
Berliner aus Ost und West sowie aus den Randgebieten strömten heran, überwältigt von diesem Ereignis! Lachend! Weinend

vor Glück! Sich in den Armen liegend! Aufgeregt gestikulierend! Unbeschreiblich!

Dazwischen die Hubkonzerte der Trabis, die sich besonders großer Aufmerksamkeit erfreuten.

Das war herrlich!«

Völlig aus der Puste verlässt uns Hilmar.

Er hatte die ganze Zeit allein geredet.

So haben wir unseren Hilmar noch nie erlebt.

Diese Nacht wird wohl für ihn das größte Erlebnis seines Lebens bleiben!

15./16.12. 1989 – Parteitag der CDU

Joachims Rede auf der Delegiertenkonferenz im September hat eingeschlagen wie eine Bombe.

Prompt wurde er zum Sonderparteitag der CDU in Berlin delegiert..

Nach den Ereignissen am 9. November und allem, was jetzt täglich an Unglaublichem geschieht, fuhr er voller Erwartung dorthin.

Im Kino »Kosmos« hatten sich 800 Delegierte versammelt. Das Leitmotiv »Erneuerung und Zukunft« stellte die Weichen für eine moderne CDU. Lothar de Maiziere wurde bereits im November dieses Jahres vom alten Hauptvorstand zum Vorsitzenden der CDU bestellt und hier nun eindrucksvoll in seinem Amt bestätigt.

Emotional voll aufgeladen kommt Joachim nach Hause und berichtet.

Herrlich! Aufbruchstimmung! Endlich hörte ich Diskussionsbeiträge, zu denen das »C« der CDU passt und den gebührenden Platz einnimmt.

Es bereitete mir schon Schwierigkeiten, die über Jahrzehnte von den Funktionären der DDR geprägten Feindbilder aus dem Kopf zu bekommen. So erging es mir, als Erwin Huber, Generalsekretär der CSU, ans Rednerpult trat, um uns die herzlichen Grüße seiner Parteifreunde zu überbringen.

Beeindruckend waren für mich die Schlussworte unseres Vorsitzenden Lothar de Maiziere.

Er begann mit den Worten des Apostels Paulus, Lehrtext aus den Losungen der Herrnhuter Brüdergemeine für den 16. Dezember:

»Meister, wir haben die ganze Nacht gearbeitet und nichts gefangen, aber auf dein Wort wollen wir die Netzte erneut auswerfen.«

Lothar de Maiziere empfindet die Losung zu diesem Tag als eine Art Fazit, jedoch nicht, um schon wieder zu resignieren, sondern unter dem Motto

»Erneuerung und Zukunft« mit der Arbeit zu beginnen.

»Ja, das war echte Aufbruchstimmung!«

Damit beendet Joachim seinen Bericht

Weihnachten 1989 – Neuorientierung

Mirjam und Rudolf sind inzwischen .ein eingeschworenes Team, ein Trainingsteam.

Rudolf kam in diese Gegend, um Arbeit zu finden. Er hat weder Familie noch andere Hobbys, so dass er sich weitestgehend auf Mirjams Freizeit einstellen kann. Hinzu kommt, dass er ihren Eifer beim Radfahren sehr bewundert. Das tut unserer Tochter gut.

Sie schwimmt sich gerade ein wenig frei, worüber wir uns natürlich freuen.

Rudolf vermisst eine familiäre Atmosphäre.

Daher laden wir ihn zu uns ein. So verleben wir die Weihnacht zu viert.

Es wird wie immer zu dieser Zeit gut gespeist und ist rundum gemütlich. Dazu gibt es in dieser besonderen Situation viel zu erzählen. Jeder fragt sich, wie es weiter gehen wird bei derartig gravierenden Veränderungen.

Rudolf meint, dass er in nächster Zeit bezüglich seiner Arbeit nichts zu befürchten habe.

Bei Mirjam sieht das offensichtlich anders aus. Da bahnt sich an, dass die Station, auf der sie arbeitet, wohl kaum mehr den erforderlichen Standards entspricht, d.h. sie wird aufgelöst werden. Wohin mit dem Dienstpersonal?

Die Oberschwester ließ bereits durchblicken, dass sie versuche, jede angemessen unterzubringen.

Aber wie, das steht in den Sternen.

Mirjam signalisiert Bereitschaft, die Arbeit im Krankenhaus aufzugeben und nach dem Westen zu gehen.

Ihre Begründung ist einleuchtend.

Erstens sei sie weder verheiratet noch habe sie Kinder wie ihre Kolleginnen.

Zweitens – ungewisse Trainingsbedingungen.

Drittens – in vielerlei Hinsicht drüben bessere Möglichkeiten.

Joachim und ich, Hände über dem Kopf zusammen geschlagen, rufen wie aus einem Munde: »Meinst du das ernst?« Ohne zu überlegen antwortet die Tochter: »Ja, natürlich! Das ist mein voller Ernst!«

Wir können es nicht fassen, reden aufgeschreckt auf sie ein: »Wie soll das gehen? Wir haben bisher in jeglicher Hinsicht für dich gesorgt, dich aus jeder Sackgasse herausgeholt! Du hast noch nicht einmal eine abgeschlossene Ausbildung.«

Ihre Antwort darauf: »Es wird Zeit, dass ich selbständiger werde. Der Beruf Krankenpflege ist für mich nicht der Richtige, da sich meine Wahrnehmungen nicht so leicht trainieren lassen, wie ich dachte. Ich springe einfach ins kalte Wasser und sehe, was daraus wird!«

Mit diesen Zukunftsplänen unserer Tochter endet dann die schöne Weihnachtszeit. Wenn sie sich etwas in den Kopf setzt, gibt es für sie keinen Halt.

Wir ahnen, dass es nicht mehr allzu lange dauern wird, bis sie uns verlässt.

So bleiben die Eltern gebrochenen Herzens zurück.

Aufbruch ins Ungewisse

Abschied. Alles Bitten und Argumentieren half nichts. Aus einem wohlbehüteten Elternhaus, aus DDR-Enge, ohne abgeschlossene Berufsausbildung bricht Mirjam auf, ein Mensch mit autistischem Syndrom.

Fast geräuschlos gleitet der letzte Nachtzug aus der Halle. Ein einziger Mann nur auf dem Bahnsteig – der Vater. Er starrt dem Zug nach, dessen rote Schlusslichter rasch kleiner werden. Die Leere rundum gähnt ihn an. Leere auch in ihm. Sein Blick fällt auf die Gleise. Die scharfen Schienenkanten reflektieren das müde, kalte Licht der Bahnhofsbeleuchtung.

Da fährt sie nun dahin, die einzige Tochter, das einzige Kind, in die schwarze Nacht hinein. Mutterseelenallein – mit einem Fahrrad und fünf Gepäckstücken, dem Nötigsten, was sie für den Alltag braucht. Wohin wird sie der Zug bringen? .Ein festes Ziel kennt sie nicht. Typisch Mirjam!

Der Zug rollt auf Gleisen dahin – Gleise, möglichst geradlinig auf dem genau vorgezeichneten Weg.
    Geradlinigkeit! Wünschen das nicht alle Eltern für das Leben ihres Kindes? Elternhaus – Schule – Lehre oder Studium – Beruf – Familie..
    Eine neue Kette beginnt.

Der Mann hat Mühe, seine Erregung in Schach zu halten. Sein Hirn gleicht einem Wespennest. Die Augen flackern, das Kinn bewegt sich leicht.

Auf diesen Gleisen wird sein Kind fort getragen – hinaus in die Ungewissheit, in eine Welt voller Gefahren, mit denen es noch niemals konfrontiert wurde.

Sein Blick schweift in die Ferne, in der er zu dieser Nachtzeit nichts als Grautöne, bedrohlich, sieht.

Der Vater versucht sich zu konzentrieren, zu erinnern. Ganz warm wird ihm dabei ums Herz bei dem Gedanken an die übergroße Freude, die die Ankunft dieses kleinen Wesens nach zwölfjähriger Ehe auslöste. Bald jedoch Angst, Enttäuschung! Kleine Abnormitäten, kaum wahrnehmbar zunächst. Sonderbare Feinmotorik. Die Art, wie sie mit ihren Händchen spielt. Die Unfähigkeit zu imitieren, auch nur das Geringste durch Erfahrung aus ihrer Umwelt zu erlernen.

Ein Mensch, der eine Hülle um sich hat, durch die nur Spezielles in ihr Inneres zu dringen vermag!

Kann je einer den erlittenen Kummer ermessen?

Schwere Jahre – Jahrzehnte!

Was für unendliche Mühe kostete es die Eltern, dass dieses Mädchen fähig wurde zu gehen, eine Straße zu überqueren. Ihr Kopf – stets gesenkt. Glitzernde Gegenstände fesseln ihren Blick. Alles andere auf der Straße scheint sie kaum wahrzunehmen.

Wir Eltern, beide Lehrer, dem Verzweifeln nahe.

Blicke der Vorübergehenden hinterließen derbe Narbenschmerzen.

Dazu die große Diskrepanz zu ihren schulischen Leistungen! Ausdauer und Konzentration beim Lernen, wie es kaum ein normales Kind aufweist.

Der Vater kann sich nicht entschließen, diesen Ort zu verlassen. Den letzten Blick seiner Tochter will er sich bewahren – ein Blick voller Dankbarkeit und Liebe dafür, dass er ihr durch alle Strapazen half, zu ihr stand trotz aller Ablehnungen rundum, dass er sie so weit gebracht hat, selbständig ihren Weg zu gehen und sie schließlich loslässt.

Beim Abschied ein leises Zittern um den Mund und ein kleines Schluchzen, das ihm tief ans Herz greift.

Inzwischen haben sich seine Augen mehr und mehr an die Dunkelheit gewöhnt. Er erkennt jetzt ein größeres Umfeld. Da gibt es nicht nur das eine Gleis, auf dem sein Kind jetzt in die Fremde getragen wird.

Viele Gleise nebeneinander, parallel verlaufend, sich verschiedenartig kreuzend, überquerend. Ein Netz!

Schlagartig wird dem Mann bewusst, welch riesige Verantwortung Menschen haben. Ein Zugführer, der sich in diesem Wirrwarr auskennen muss. Ein Wärter am Stellwerk, der sich nicht den kleinsten Fehler erlauben darf. Wird unsere Tochter unbeschadet ans Ziel gebracht werden? Wird die hoch komplizierte Technik funktionieren?

Sein Verstand, seine Sinne – aufs äußerste gespannt.

Er ist Biologielehrer. Dieses Schienennetz da!

Ist das nicht ein Stück ausgebreitetes menschliches Hirn? Ein großes Netz, bestehend aus Hirnzellen.

Neuronen mit Synapsen – Schaltstationen.

Dendriten – Schienen. Verbindungsstücke.

Sekundenlang ist Joachim nichts als Staunen.

Wie wunderbar schöpferisch sind Menschen!

Der eigene Bauplan, in Technik umgesetzt.

Und wie unbarmherzig können Menschen sein!

Mirjam kann davon ein Lied singen!

Eine Bandbreite unsagbarer Verachtung!

Was ist falsch bei Mirjam?

Ein kleiner Fehler nur in diesem Netz!

Ein Stück Schiene im Hirn fehlerhaft verlegt?

Defizite im Wahrnehmungsbereich!

Filter blockieren und verursachen unvollständige Informationen. Und Kummer über Kummer!

Wie wird das weiter gehen, liebe Tochter?

Der Mann möchte hinein greifen in ihr Hirn!
  Korrigieren, gerade rücken, Blockaden lösen.
  Doch gelingen wird es ihm nicht.
  Das Herz will ihm zerspringen!
  Dies ist wohl der spezifische Bauplan,
  den Gott für seine Tochter entworfen hat.

Er weiß jetzt, dass Gottes Gedanken nicht unsere Gedanken, Gottes Wege nicht unsere Wege sind, auch wenn wir glauben, mit unserem Verstand alles fest in unserer Hand, unter unserer Regie zu haben.

Langsam, mit gesenktem Kopf tritt Joachim den Heimweg an.
  Eines ist ihm klar geworden: Alle Betrübnis hilft nicht.
  Jedoch ihr behindertes Kind Mirjam lehrte die Eltern zu beten.
  Das entschädigt sie für alles, was sie ihretwegen erleiden müssen!
  Bei allen Schwierigkeiten mit der Tochter zeigte Gott ihnen einen gangbaren, oft freudvollen Weg!
  Er wird die Tochter auch in Zukunft begleiten und einen guten Platz für sie im Leben finden!
  Trotz allem sind wir voller Dankbarkeit!